Horst Wisser

KINDHEIT
IN HAMBURG

in den 50er Jahren

Fotos von Erich Andres

Wartberg Verlag

Zum Fotografen Erich Andres

„Was der Mensch für Hamburg, das ist Andres für die Fotografie – gewiß eine Kurzformel, aber kaum übertrieben“, so schrieb das Hamburger Abendblatt anläßlich des 80. Geburtstages des freischaffenden Fotojournalisten Erich Andres. Wie kaum ein anderer hat der 1905 in Leipzig geborene und seit 1923 in Hamburg lebende Erich Andres die hamburgische Stadtgeschichte des 20. Jahrhunderts mit seinen Fotos dokumentiert.
Am 6. Februar 1992 starb Erich Andres im Alter von 87 Jahren. In seinen Bildern lebt er weiter.

Die Fotos zur Kindheit in den 50er Jahren in Hamburg haben wir aus dem seit 1995 im Medienarchiv Bild des Medienzentrums Hamburg befindlichen Fotobestand Erich Andres' zusammengestellt und von dem Zeitzeugen und Hamburger Journalisten Horst Wisser kommentieren lassen.

Wartberg Verlag

Fotonachweis:
Sämtliche Fotos aus der Landesmedienzentrale Hamburg, Fotograf: Erich Andres

1. Auflage 1998

Druck: Thiele & Schwarz, Kassel
Buchbinderische Verarbeitung: Hollmann, Darmstadt

34281 Gudensberg-Gleichen, Im Wiesental 1, Tel. 05603/93050
ISBN 3-86134-479-3

KINDHEIT IN HAMBURG in den 50er Jahren

Ein karg ausgestatteter Raum, gerade mal 20 Quadratmeter. Darin hockten, schwitzten und fieberten etwa 30 Menschen, meist Erwachsene. Wie Trauben hingen sie über einer durchgesessenen Couch und über Bänken, saßen auf dem Fußboden oder standen an den Wänden. Endspiel um die Fußball-Weltmeisterschaft 1954 – und der einzige Fernseher weit und breit. Schwarz auf weiß haben wir erlebt, wie Helmut Rahn das 3:2 gegen Ungarn schoß. Der Jubel in dieser räumlichen Enge gab mir das Gefühl, halb Hamburg würde beben.
Ein irres Gefühl, daß ich überhaupt dabei sein konnte. Meine Eltern kannten die Fernseh-Besitzer. Zwölf war ich damals. Mit der Flimmerkiste hatte schon die neue Zeit begonnen, eine faszinierende Entwicklung für uns Kinder. Wir konnten nicht fassen, wieso plötzlich Bilder aus der Schweiz, aus dem Berner Wankdorf-Stadion, zu uns nach Hamburg kommen konnten. Zauberei?

„Auf den Hinterhöfen spielte sich´s am schönsten."

„...zwischen Mülleimern und Geröll, Brettern und Tonnen, Kisten und Pappkartons ging die Post ab."

Der Jugend Zauber ruhte auf einer Stadt, die während des Krieges unendlich gelitten hatte. Die Bombenangriffe 1943 hatten ganze Stadtteile in Schutt und Asche gelegt: Hamm, Hammerbrook, Rothenburgsort... Die Hamburger standen nach dem großen Brand von 1842 zum zweiten Mal vor einem Trümmerhaufen. Viele waren „ausgebombt". Wir Kinder mittendrin. Die schlimmste Nachkriegszeit lag gerade hinter uns, die Ära des Kohlen- und Äppelklauens. Niemand hatte so etwas als wirklich illegal empfunden. Sich durchboxen, sich behaupten, für die Familie sorgen! Das war das Gebot dieser Jahre. Die warme Stube und etwas zu essen. Den ebenso begehrten wie knappen Zucker erstand man auf dem Schwarzmarkt. Dafür gaben die Leute auch ihren besten Anzug.
Hamburg erholte sich langsam. Und doch ging alles frei nach Wilhelm Busch: Eins, zwei, drei im Sauseschritt eilt uns're Zeit, wir eilen mit. Die 50er Jahre vergingen wie im Fluge. Wir Kinder sahen, wie aus Trümmern wieder Häuser wurden, wie die ersten Autos auf den Straßen den Sand aufwirbelten, Kabinenroller und Isetta zu Schlagern auf drei und vier Rändern wurden. Und dann kamen schon die schöne Isabella von Borgward, der Käfer oder der Leukoplastbomber von Lloyd. Der Konzern mit dem Stern war auch vertreten. Damals schon mit Luxuskarossen.
Und Arbeit gab es jede Menge. Auf dem Bau oder im Hafen, wo die Stauer, Kran-, Barkassen- und Ewerführer, Decksleute und Werftarbeiter für Tugenden wie Nüchternheit und Gründlichkeit standen. Gemeinsames Kennzeichen: die blaue Mütze. Aus den Schuppen im Freihafen holten wir uns immer mal ein paar Bananen, die „angeditschten", die an einigen Stellen schon ein bißchen braun oder schwarz geworden waren.
Wir Kinder spielten und spielten. Gleich nach der Schule – bis es dunkel wurde. Wir konnten all unsere Kreativität entfalten. In Bunkern, zwischen Trümmern, auf Wiesen, am Wasser und natürlich auf den Straßen – da gab's Kippel-Kappel (das Spiel mit dem an beiden Seiten angespitzten Holz, das aufgefangen oder mit einem Stock

„Musterschülerinnen und Schüler..."

Mit großem Gepäck auf großer Reise...

möglichst weit weggeschlagen werden mußte), Hinkebock, Seilspringen, Tauziehen, Verstecken, Räuber und Gendudel (eine hanseatische Mischung aus Gendarm und dem in Hamburg üblichen „Udel" für den Polizisten). Die Mädchen spielten die „Meiersche Brücke".

Wir schoben Murmeln aus Ton oder Glas („Ditscher") mit dem Zeigefinger in kleine Löcher im Erdboden und legten stundenlang Zigarettenkarten aufeinander. Wenn eine zweimal erschien, hatte einer den ganzen Haufen gewonnen. Juno, Overstolz – was wurde damals nicht alles gequalmt! Geheimtip war aber die Marke Schreberstolz. In Kleingartenkolonien hatten die Leute Tabak angepflanzt, ihn getrocknet und feingeschnitten. Einige drehten sich ihre Zigaretten selber, andere stopften sich die Pfeifen damit voll. Und Schnaps gebrannt wurde natürlich auch.

Mit der Straßenbahn kamen wir durch die ganze Stadt. Zum Flughafen nach Fuhlsbüttel, nach Blankenese, an die Landungsbrücken oder zur Kaiser-Wilhelm-Straße, wo der Verleger Axel Springer eines der modernsten Zeitungshäuser der Welt gebaut hatte. Die Fahrt kostete 20 Pfennig. Und einen „Eisenbahner", die dicke Schnitte, aus Kuchenresten zusammengebackt und mit Zuckerguß drüber, kauften wir für 10 Pfennig. Wir spielten Völkerball auf Hinterhöfen. Wer nicht aufpaßte, wurde vom Ball getroffen, war also „abgebackt", und mußte ausscheiden.

Oder wir kickten auf öffentlichem Rasen. Was verboten war. Einer mußte immer die Straße hinunterschauen und aufpassen, ob schon ein Schutzmann im Anmarsch war. Die Polizei hieß bei uns auch Polente. Wenn sie kam, manchmal auch per Fahrrad, wurde das Match schnell unterbrochen. Wurden wir erwischt, schrieben die Ordnungs-

Die Großen Pausen waren schon damals das Schönste an der Schule...

hüter nur unsere Namen auf und drohten mit strengem Blick und unseren Eltern. Passiert ist nie etwas. Vom Straßenfußball zum Kicken in den Grünanlagen. König Fußball regierte all überall.
Aber wir angelten auch, fingen Rotaugen und Barsche und tauchten auf den Grund der Teiche, wo massenweise Munition aus den letzten Kriegstagen lag.
Und dann kam Uwe Seeler. Jeder wollte „uns Uwe" sein und wie er, beim HSV und in der Nationalmannschaft, die Tore schießen können. Der Erste Bürgermeister hieß damals Max Brauer, weil die Sozialdemokraten immer die meisten Stimmen bekamen. Das Interesse für Politik ging schlagartig nach oben, als der Hamburg-Block (eine Gemeinschaft fast aller anderen Parteien) die Wahl gewonnen hatte, und der Christdemokrat Kurt Sieveking plötzlich Oberhaupt des Stadtstaates war. Nach vier Jahren war Max Brauer wieder dran.
Schutzmann, Gasmann, Milchmann. Auf einem dreirädrigen Gefährt der Marke Tempo kurvte der Milchmann abends durch die Straßen, bimmelte die Leute aus den Häusern und füllte die Milch in ihre zerbeulten Metallkannen. In Scharen strömten wir in den Freihafen zur Howaldtwerft, wo der griechische Reeder Aristoteles Onassis zwei Riesentanker vom Stapel laufen ließ. Menschentrauben auf beiden Seiten der Elbe, geballt wie im Volksparkstadion.
Wer noch nicht 18 Jahre zählte, schlich sich in Hamburgs Kinos, wenn ein Film nicht jugendfrei war. Zum Beispiel: Brigitte Bardot und der Streifen „Und immer lockt das Weib". Bei den Tanztees Sonntag nachmittags im Café Wien wurde Paul Ankas „Diana" zum Hit. Und die Reeperbahn, die sündigste Meile der Welt, mit all ihren Tabus

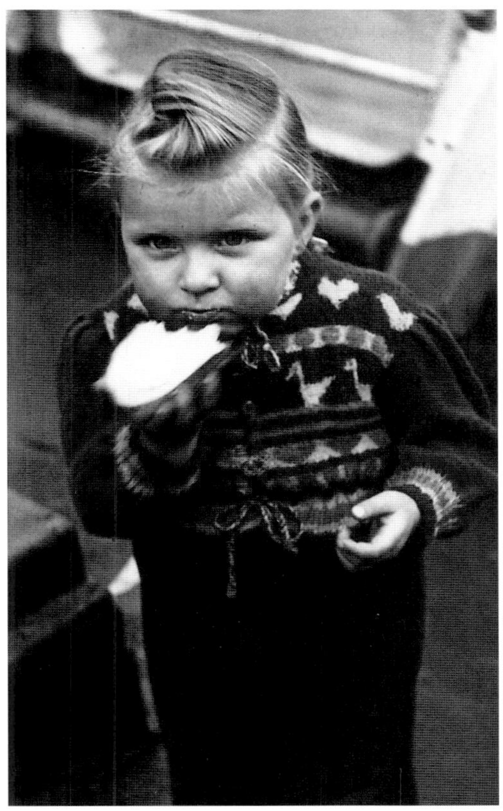

Hmmmh! Brot schmeckte mit Margarine, Schmalz und Salz besonders gut

„Sag mal, was steht da eigentlich in Deiner Fibel?“

für Minderjährige lockte die 17jährigen und weckte deren Neugier.
Wir holten Pompesel aus dem Schilf an Teichen und Elbe, zündeten sie an der Spitze an, sogen am anderen Ende und taten so, als würden wir Zigarren rauchen. Wer zu Hause einen handwerklich geschickten Vater hatte, bekam zu Weihnachten ein Vehikel auf vier Rädern unter den Tannenbaum und durfte an Seifenkistenrennen teilnehmen. Ich habe jeden darum beneidet.
Wenn die Züge vorbeifuhren, krochen wir in die Nischen unter der Brücke und ließen uns total vom Dampf einhüllen. Die Waggons rauschten, nur einen Meter entfernt, an uns vorbei. Das Herz hämmerte. Eine Mutprobe. Feigling, wer sie nicht bestand!
In der Schule gab's noch den Rohrstock für alle, die nicht spurten. Er wurde im Zimmer des Rektors aufbewahrt und in „schweren Fällen“ geholt. Vor der Klasse gab's dann einen drübergezogen. Für die leichteren Fälle hatten die Lehrer einen kleinen Stock im Schreibtisch. Den ließen sie kurz auf unsere geöffnete Hand niedersausen, wenn wir die Hausaufgaben vergessen hatten. Manchmal wurde auf diese Weise eine ganze Schülerschlange abgefertigt.
Der erste Kugelschreiber kam, in der Elbe konnte man noch baden, und die erste Apfelsine wirkte auf uns wie ein Wunderwerk der Natur. Wie sich Hamburg in der 50er Jahren von den Folgen der Kriegskatastrophe erholte, den Wiederaufbau im Schnellzug-Tempo schaffte – das war das eigentliche hanseatische Wunder. Uns Kindern ist das erst viel später klargeworden.

HORST WISSER

Mehrfamilienhäuser und die ersten geplanten Spielplätze

Auf dem Ketten-Karusell...

...fahren alle gleich schnell. Nur Fliegen war schöner als solche luftigen Runden. Die Ketten immer fest im Griff. Fortgeschrittene und Mutige drehten sich unterwegs ein paarmal. Bis der Aufseher schimpfte und drohte: Laßt das nach, sonst war das hier Eure letzte Fahrt! Jahrmarktszenen, die in Wilhelmsburg ebenso spielten wie in Poppenbüttel oder Barmbek. Hinter diesem Karusell wacht einer, der gleich hinter Hamburgs Grenzen heute noch für Marktgerechtigkeit sorgt: der Roland von Wedel. Genau hingeschaut: Für einen Groschen war man damals dabei! Jahrmarkt, Kirmes, Rummelplatz – für viele Hamburger war die Szene der Karussells, Bratwurst- und Würfelbuden nur der „Dom“. Ganz gleich, in welchem Stadtteil man sich gerade vergnügte. Frei nach dem großen Hamburger Rummel auf dem Heiligengeistfeld.

Erwachs.
DM-,20
Kinder
DM-,10
Ernst Seidler
Ratzeburg

Weihnachten...

...wurde auch in kargen Nachkriegsverhältnissen zum großen Fest. Glanz und Glitzer kehrte in die einfachste Nissenhütte ein, wenn die silbernen Kugeln auf einer Fichte blitzten und in der Familienversammlung am Tisch die Geschenke ausgepackt wurden. Eine Puppe, ein Buch, ein Auto – und der selbstgebackene Kuchen duftete. Die dicke Zigarre zählte da schon zu den gehobenen, opulenten Geschenken, ebenso wie das weltberühmte Parfum Marke 4711 oder der Advocat-Eierlikör unter dem Lametta.

VORLÄUFER
ADVOKAT
Eier-Likör
4711

Wen Gott liebt...
...dem gibt er ein Amt. Hamburger Jungs in richtiger Uniform. Wie Polizisten kamen sich diese Schülerlotsen vor. Schließlich hatten Menschen Vorfahrt, wenn die kleinen Ordnungshüter weiße Koppel und Kelle zeigten, um ABC-Schützen sicher über die Straße zu bringen. Wie man sieht, war auch die ältere Generation ganz froh darüber, wenn es plötzlich hieß: Fahrbahn frei für Fußgänger! Da mußte jeder VW-Käfer bremsen und seine Vorherrschaft auf dem Kopfsteinpflaster kurz einschränken lassen: Der Straßen-Klassiker der 50er Jahre, damals noch mit der geteilten Heckscheibe.

Wie die Orgelpfeifen...
...bauten sich die Knaben zum Chor in Hamburgs großen Kirchen auf, die gerade wieder aufgebaut worden waren: St. Michaelis, St. Katharinen, St. Jacobi oder St. Petri. Sie sangen, hell und klar und mit weit aufgerissenen Mündern Choräle und Lieder, die Hoffnung und neue Lebensfreude signalisierten. Die hohen Stimmen der Jungen in den Knabenchören der Kirchen – und in den Schulen wurde die Blockflöte trotz komplizierter Fingerübungen zum Lieblingsinstrument im Musikunterricht.

1/2 + 1/3
3/6 + 2/6 = 5/6
1/6
1/6

Konditorei

BELLE KINO

Auf den Hinterhöfen...
...spielte sich's am schönsten. In Hamburgs verborgenen Ecken machten die Kinder spontan ihre Kreativ-Läden auf. Umgeben von grauen Häuserwänden, die nach Farbe schrien, zwischen Mülleimern und Geröll, Brettern und Tonnen, Kisten und Pappkartons ging die Post ab. Ein paar Stricke zusammengeknüpft, eine Teppichstange – schon konnte geschaukelt werden. Oder die Wippe mit Brett und Tonne. Kein moderner Spielplatz kann die Phantasie der Kinder heute so fördern wie damals ein tristes Ambiente, in dem mit kleinen Mitteln groß gespielt wurde. Man mußte sich nur etwas einfallen lassen.

Musterschülerinnen...

...und Schüler waren jene, die sich immer artig meldeten, wenn sie im Unterricht etwas wußten. Zu dumm, wenn jemand einmal von lauter hoch erhobenen Zeigefingern umgeben war und selber passen mußte, machte ja nichts, draußen, vor der Schule war ohnehin alles vergessen. Da konnte gelacht und Spaß gemacht werden. Bis es bimmelte und die Jungs und Deerns, manchmal noch jahrgangsweise angetreten, in die Klassenzimmer durften. Die ersten Pennäler hatten schon die Schulmappen unter dem Arm, aber der gute alte Tornister, den die Jungen oft auf der Brust trugen und damit zum Kampfe gegeneinander anrannten, war noch lange nicht out.

Auf vier oder acht Rädern...
...rollten die Mädchen durch Hamburg. Rollschuhe – ein Traum für jene, die sie – ebenso wie Schlittschuhe – herbeigesehnt und unter dem Tannenbaum oder auf dem Geburtstagstisch gefunden hatten. Aber die hohe Schule des Kunstlaufens gab es auch schon. Die einen demonstrierten auf der Bahn in Planten un Blomen kunstvolle Figuren...

...die anderen präsentierten sich in Trachten und rollten in Formation durch die Gegend. Im Winter gehörte die Eisbahn in Planten un Blomen den Läufern auf Kufen. Aus ganz Hamburg strömten sie herbei, wenn die Teiche, Bäche, Flüsse oder die Alster nicht zugefroren waren.

Menschen, Tiere, Sensationen...
...brachten Abwechslung in den Alltag. Wenn da plötzlich ein Pferd mit zotteliger Mähne und großen, treuen Augen auftauchte, blieben Fahrräder und Roller im Staub liegen. Nur einmal streicheln! Hat jemand ein Stück Zucker? Ein Idyll zwischen VW-Käfer und ebenso legendärem DKW-Meisterklasse. Was sind diese PS-starken Autos schon gegen eine richtige, lebendige Pferdestärke, oder gegen einen Elefanten, auf dem bei Hagenbeck oder anderswo eine lokale Sightseeing-Tour inszeniert wurde: Ein himmlisches Gefühl auf dem Rücken eines Dickhäuters.

Eins, zwei, drei...

...wer hat den Ball? Viele Hände, vor allem aber viele Füße. Ein Ball verband die Kinder, das runde Ding aus Leder, das verdammt schwer wurde, wenn es regnete. Aber die Kugel war wie ein Magnet und lockte die Jungen, manchmal auch die Mädchen. Überall wurde Fußball gespielt, auf Wiesen, in Parkanlagen, auf Hinterhöfen und vor allem auf dem schwarzen Schotter der Straßen, wo einmal am Tag ein Auto gesichtet wurde. Mancher schlug sich dort Knie oder Ellenbogen auf. Schnell wurden zwei Mannschaftsführer bestimmt, die sich abwechselnd die Mitspieler aus der Runde auswählen durften. Beim Straßenfußball reiften Talente heran, die später in der Kick-Szene groß herauskamen. Zum Beispiel die HSV-Stars Gert und Bernd Dörfel. Sie kamen aus Harburg, wo der Mopsberg zur Talentschmiede des Straßenfußballs wurde. Beide spielten später in der Nationalmannschaft.

Nun guck mal...

...was da alles hinter der Glasscheibe zu sehen ist! Drei Jungenköpfe und die erste Dame oben ohne – eine Sensation in den 50er Jahren! Das gab's doch eigentlich nur auf der Reeperbahn, wo der Sex-Markt ebenso blühte wie der Schwarzmarkt in der Talstraße! Die Kleineren träumten unterdessen von Puppenwagen und Puppenstube. Das Schaufenster wurde zum Paradies, in dem man mit den Augen spazierengehen durfte. Ein Junge mit Schillerkragen und Kniestrümpfen zeigt dem Zöpfchen-Mädchen, wo die schönste Puppe steht. Faszinierend.

1945-1955
KULTURRING DER JUGEND
Sichert Dir Deine Mitgliedschaft für
DIE NEUE SPIELZEIT
Anmeldeschluss: 15. Juli
Unser Programm
Innerer Kreis
Singkreis für Fortgeschrittene
Singkreis für Anfänger
Musischer Kreis
Laienspielgruppe
Spielgruppe
Bildende Kunst
Malen - Zeichnen - Formen
Arbeitsgem. Jugendbrief
Zusammenkünfte der Gruppen wöchentlich einmal
im Jahre
1945 3825 Mitglieder
1950 5347 Mitglieder
1955 18664 Mitglieder
Guter, billiger Lesestoff
in Hülle und Fülle ...
Du hast die Wahl!
Heftreihen
Am Puls der Welt
Brehms Tierleben
Buchfink
Contra-Hefte
das Zelt
Deutsche Jugendbücherei
Die schwarze Hand
Fahrten und Abenteuer
Frische Saat
Junge Welt
Junior Magazin
Kolumbus
Liliput
Lux-Lesebogen
Mechanikus
Münchener Lesebogen
Rasselbande
Spannende Geschichten
Was weißt du von der Welt?
Buchfink
Rasselbande
Brehms Tierleben
Achtung - Steinschlag!
MECHANIKUS
Ereignisse

MERETE VAN TAACK
Mona
DAS KAJÜTENBUCH

W.G. VAN DE HULST
JENSSEN
Der Wildsee im Eichengrund
Eichengrund zur Hochalp
SKELETTSCHLUCHT
TOD IN DER SKELETTSCHLUCHT
Fröhlicher Abschied
Im Forsthaus Eichengrund

Bücherwürmer und Leseratten...
...wurden von Hamburgs „Öffentlichen Bücherhallen“ angelockt. Bei Vater Staat durfte geschmökert und ausgeliehen werden. Abenteuer-Storys für die Jungen, Mädchenschicksale für die Girls. Es war ja alles zu haben und durfte mit nach Hause genommen werden. Und der „Kulturring der Jugend“ wartete mit Theater, Musik und spannenden sowie dokumentarischen Bestsellern auf: Brehms Tierleben, Kolumbus, Karl May oder mit der Frage: Was weißt Du von der Welt? Geheimnisvolles und Dramatisches war gefragt: Weltall, Wildnis, Winnetou oder die Waffen der Cowboys und Indianer.

all. Hamburg erlebte den Wiederaufbau nach der Zerstörung. Eine bemerkenswerte Leistung, die auch auf das Konto jener Frauen ging, deren Ehemänner erst viele Jahre nach Ende des Zweiten Weltkrieges in die Heimat zurückkehrten. Weil diese Frauen die Steine aus den Trümmern holten und sie für den Neuaufbau sammelten und putzten, hießen sie „Trümmerfrauen".

Konfirmation und Kommunion...
...haben sich in der optischen Wirkung bis heute nur wenig gewandelt. Ganz in Weiß die katholischen Mädchen mit den Kerzen. Schwarz wie der vorangehende Pastor, in den Händen Gesangbuch, Blumenstrauß und Konfirmationsurkunde, die jungen Christinnen in den evangelischen Kirchen. Die sauber aufgestapelten Mauersteine bemerkte an solchen Tagen niemand. Aber sie waren fast über-

Badetag...

...in Hamburgs Freibädern. Ob Lattenkamp oder Langenhorn, Wilhelmsburg oder Duvenstedt – die Mädchen hatten immer Badekappen auf den Köpfen und versteckten ihr Haar darunter, wie sich's gehörte! Dazu die herrlichen bunten Badeanzüge, der Bikini kam erst später. Handstand am oder Kopfsprung („Köpper") vom Beckenrand: Verbotenes hatte seinen besonderen Reiz. Der Bademeister konnte seine Augen ja nicht überall haben. Zu dritt die Rutsche herunter und hinein ins aufspritzende Wasser – so etwas machte am meisten Laune.

Rummel, Rummel, Räuben...
...lot mi nich lang täuben... Welches Hamburger Kind aus den 50er Jahren hat dieses Lied nicht vor Haustüren, in fremden Wohnzimmern oder in Lebensmittelgeschäften gesungen! Rummelpottlaufen zu Silvester. Papas Humphrey-Bogart-Kopfbedeckung, Mamas Hut, die rot angemalte Nase und die schwarzen Kohleflecken im Gesicht – fertig waren die kleinen Clowns, die um die Häuser zogen und über-

all absahnten. Wer gesungen hatte, bekam einen Bonbon, eine Tafel Schokolade, einen Groschen, eine Wurst oder – was selten vorkam – gar nichts. Vergebliche Mühe! Für diesen Fall hatten die Kinder einen Spruch parat: Witten Tweern und swatten Tweern – disse Olsch, de gifft nich geern!

Eis auf Elbe und Alster...

...lockte die Hamburger. Die dicken Schollen an der Elbe wurden zu Flößen oder luden zum Geschicklichkeitsklettern ein. Auf der zugefrorenen Alster inszenierten die Leute ihre speziellen Vergnügen: Auf Schlittschuhen vom Rathaus zum Hotel Vier Jahreszeiten oder zum Alsterpavillon, und die Jungen lieferten sich – meist mit normalen, leicht gekrümmten Stöcken – ein Eishockey-Match. Und die Loks der Eisenbahn dampften über die Lombardsbrücke, hin und her zwischen Hauptbahnhof und Dammtor. Es schien, als wollten sie demonstrieren: Hier ist die Grenze zwischen Außen- und Binnenalster.

Die Straßen gehörten...

...den Kindern. Wer schon ein piekfeines Fahrrad hatte, wurde von allen beneidet. Luftreifen mit Ventilen fanden natürlich ein weitaus größeres Interesse als der Hula-hoop-Reifen aus Kunststoff, den einige unentwegt um die Hüften kreisen ließen. Wenn's Probleme gab, war da plötzlich eine nette Polizistin, die den Streit um einen Holzroller schlichtete. Respekt all überall vor der Dame in Uniform. Hamburg hatte seine ersten Politessen.

Die neue Zeit...

...hatte begonnen. Die Leute vom Fernsehen, damals noch Nordwestdeutscher Rundfunk (NWDR), drehten und schwenkten die riesige Kamera, wenn Jungen bastelten. Kaum zu glauben: Abends kamen diese Bilder in die Wohnstuben. Zunächst in wenige, nur bei denen, die sich den Luxus in schwarz-weiß leisten konnten. Clemens Wilmenrod kochte für das Flimmer-Publikum, und die Familie Schölermann paßte in die Hamburger Szene der 50er Jahre. Mario Adorf spielte in den ersten Fernsehfilmen mit. Meistens einen Bösewicht. Wenn ein Lautsprecherwagen kam, waren die Kinder und Jugendlichen aus dem Häuschen. Oft trompeteten die politischen Parteien durch die Straßen, welcher Kandidat bei der Bürgerschaftswahl gewählt werden sollte. Achtung, Achtung...!

Mädchen, Mädchen...
...hatten ihre eigenen Interessen. Am liebsten spielten sie die „Meiersche Brücke" („Die Meiersche Brücke, die Meiersche Brücke, die ist so sehr zerbrochen..."). Immer so lange, bis „die Dritte wird gefangen – mit Spießen und mit Zangen". Und sie steckten ihre Köpfe zusammen, wenn es galt, kleine Figuren zu bewundern. Die Mini-Kunstwerke durften auch angefaßt werden.

Kasper, paß auf...

...der Teufel ist hinter Dir! Um Himmels willen! Dem guten Kasper gehörten die Sympathien der Kinder. Auf Höfen, in Parks und Schulen vertrieb die beliebteste Handpuppe der 50er Jahre alles, was Böses im Schilde führte. Unzählige Male wurde der Teufel auf offener Bühne verprügelt oder von der Polizei verhaftet. Vor den Augen und unter dem Applaus jener Kinder, die eben noch gezittert, gebangt und vor dem Bösewicht gewarnt hatten.

Faszination vor dem Rathaus...

...wenn dort die großen Kundgebungen stattfanden. Politiker oder Gewerkschafter schwangen abendfüllende Reden. Und die Menschen strömten in Hamburgs City. Viele mit der blauen Mütze auf dem Kopf. Und die Kinder waren

auch dabei. Das Spektakel in der Innenstadt machte für sie den Reiz aus, der Menschenauflauf oder eine Frau, die bewundernd Beifall klatschte. Mit Händen, die – wie man sieht – hart gearbeitet hatten.

Die Beine baumeln...
...lassen. Welch ein herrlicher Platz zum Lesen! Nur ein paar Bretter – und an einem oben drüber konnte man sich auch noch festhalten. Die Sonne warf die Schatten der Beine und Füße an die Wand. Die Fünf hatten sich und ihre Umwelt vergessen. Bitte nicht stören!

Den richtigen Rahmen...
...fanden sie immer, jene Kinder, die eine Kuhle im weiten Gelände zwischen den Wohnblöcken fanden, dort Matratzen hinschleppten und ihr eigenes Reich aufmachten. Es lag ja überall etwas herum, das wunderbar in den kleinen Haushalt paßte. Und die Tasche war die reinste Wundertüte, aus der so manches hervorgezaubert wurde, bestimmt auch ein paar Stullen von Mama.

Acht schauen zu...

...bei der Show eines einzigen Mädchens. Volles Haus beim Puppentheater am Straßenrand: Eine Tonne, ein paar Mauersteine und zwei Figuren, die bestimmt auch sprechen konnten – das Mundwerk des barfüßigen Mädchens machte es möglich. Übrigens: Der Eintritt war bei solchen Veranstaltungen immer frei.

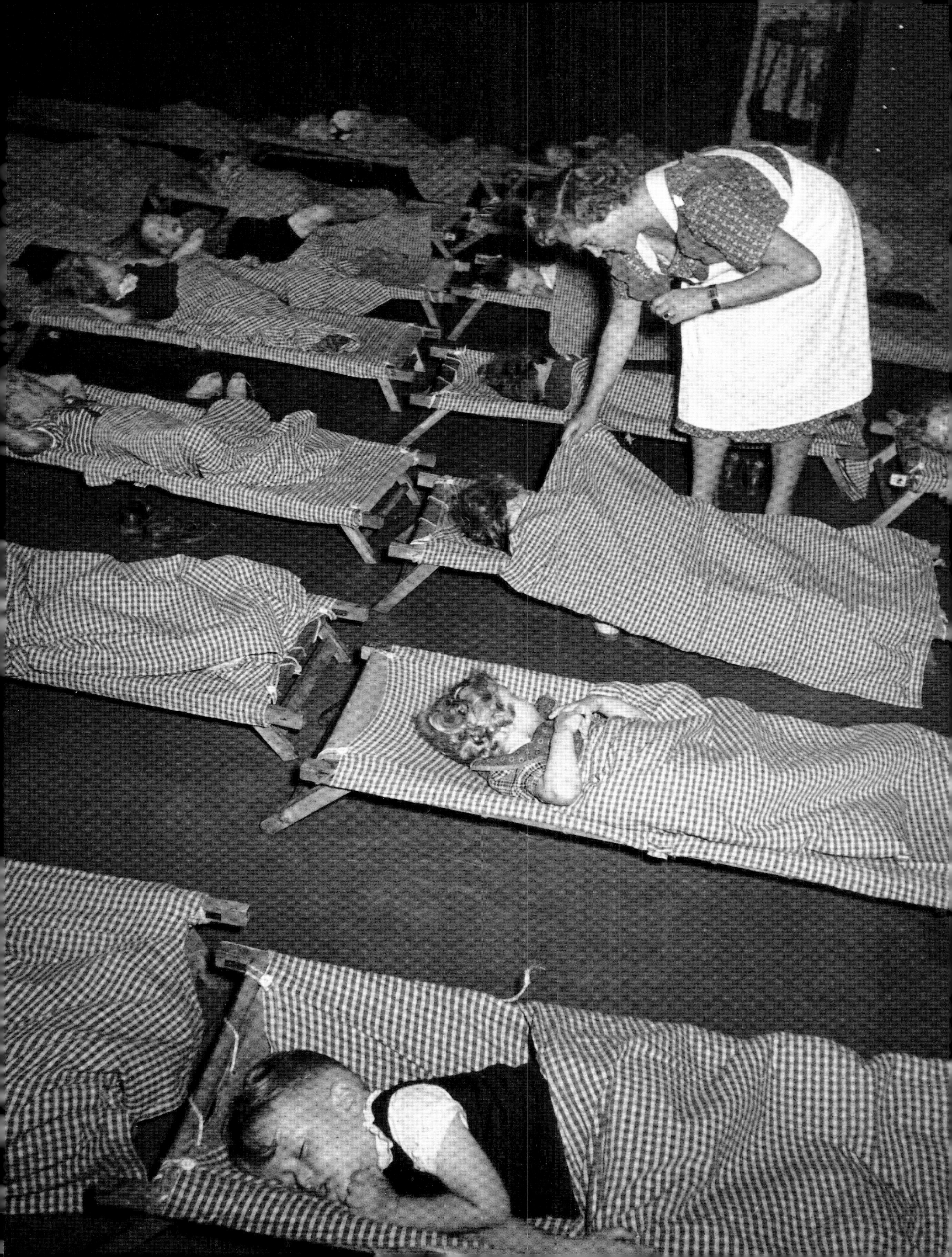

Hundemüde...

...war, wer die ganze Zeit an der frischen Luft gespielt hatte. Die Kleinen schliefen jeden Mittag im Kindertagesheim, liebevoll betreut von Kindergärtnerinnen mit weißen Schürzen. Die banden ihre Arbeitstracht auch nicht ab, wenn draußen die Gruppenspiele über die Bühne gingen. Hand in Hand, Gänsemarsch – irgendwie gab es immer Gewinner und Verlierer, Glückspilze und Pechvögel. Bei der Kinderlandverschickung erholten sich die Jungen und Mädchen und lernten spielerisch Sozialverhalten.

Kindergesichter...
...in allen Variationen. Aus Bergedorf, Wandsbek oder Eimsbüttel. Spannende Erwartung, Neugier, Fröhlichkeit oder abwartende Gleichgültigkeit – alles war aus den Mie-

nen der Jungen und Mädchen zu lesen. Als Zuschauer beim Sport, auf dem Spielplatz oder irgendwo auf einer Mauer, wo man sich wie Spatzen aufreihen konnte – Kinder präsentierten sich oft in Gruppen, zwanglos und natürlich.

LANDESMEDIENZENTRUM
HAMBURG

Fotografie
Medienarchiv Bild

Eine wichtige Adresse für alle, die historische und aktuelle Bilder aus Hamburg suchen! Das Archiv umfaßt ca. 400.000 Negative, schwarzweiß und Farbe. Die ersten Aufnahmen stammen aus der Zeit des Großen Brandes von 1842. Von zahlreichen Hamburger Fotografen des 19. und 20. Jahrhunderts sind Archive übernommen und erschlossen worden.

Eigene Fotografen dokumentieren den Lebenswandel der Menschen und die Veränderungen im Stadtbild. Nachlässe und Ankäufe von Sammlungen erweitern den Archivbestand ständig.

Bildmaterial und Abdrucklizenzen können als Handvergrößerungen auf archivfestem schwarzweiß Baryt-Papier, Colorabzug, Dia und in digitalisierter Form abgefordert werden. Gebührenordnung auf Nachfrage.

Richten Sie Ihre Anfragen an:

Landesmedienzentrum Hamburg
Medienarchiv Bild
Kieler Straße 171
22525 Hamburg

Telefon: 040/54 99-307
Fax: 040/54 99-505
E-Mail: lmz@lmz.hh.schule.de

Weitere Informationen über das Landesmedienzentrum Hamburg erhalten Sie bei einem Online-Besuch unter:

Auf den folgenden zwei Seiten finden sie eine Auswahl von Fotos aus dem ebenfalls im Wartberg Verlag erschienen Buch

„Hamburg – Die 50er Jahre“

von Mathes Rehder

BUXTEHUDE

HOREX

Dieser Mann
ist meistens müde, - - - er kennt noch
nicht die neuen
Halloo
WACH-TABLETS
gegen unerwünschte Müdigkeit
überwinden rasch den toten

Weitere Bücher aus dem Wartberg Verlag

Cornelia Harberg

Hamburg – Ein verlorenes Stadtbild
Historische Fotografien

72. S., geb., zahlr. s/w-Fotos
ISBN 3-86134-191-3

Mathes Reder

Hamburg
Bewegte Zeiten – Die 50er Jahre
Historische Fotografien

72. S., geb. Großformat, s/w-Fotos
ISBN 3-86134-260-X

Martin Jenssen, Khosrow Nosratian

Spektakuläre
Hamburger Kriminalfälle

88 S., geb., zahlreiche s/w-Fotos
ISBN 3-86134-342-8

Horst Wisser

Hamburg – Gestern und heute
Eine Gegenüberstellung

60 S., geb., zahlr. sw-und Farbfotos
ISBN 3-86134-407-6

Wartberg Verlag

34281 Gudensberg-Gleichen, Im Wiesental 1
Tel.: (05603) 93050 / Fax: (05603) 3083